APRI TUTTO !

Capire la fotografia e la vita

Duccio Patané

INTRODUZIONE

La vita impone di essere forti. Ogni giorno. Ma non serve affannarsi troppo. Non si va contro i mulini a vento. Basta semplicemente rilassarsi. Ampliare. Non serve altro.

Nella fiction, quella tanto al chilo, ho imparato come fare una vera fotografia. Non politica. Non fighetta. E finalmente ho deciso di condividere quello che ho appreso con questo piccolo manuale.

Sinceramente ho trovato il facile metodo quì esposto valido sia nel mio lavoro che nelle varie vicissitudini della vita. Spero vivamente possa essere d'aiuto anche voi.

Duccio

APRI TUTTO!

APRI TUTTO !

APRI TUTTO!

APRI TUTTO!

APRI TUTTO !

APRI TUTTO!

APRI TUTTO!

APRI TUTTO !

APRI TUTTO!

APRI TUTTO!

APRI TUTTO !

APRI TUTTO!

APRI TUTTO!

APRI TUTTO !

APRI TUTTO!

APRI TUTTO!

APRI TUTTO !

APRI TUTTO!

APRI TUTTO!

APRI TUTTO !

APRI TUTTO!

APRI TUTTO!

APRI TUTTO !

APRI TUTTO!

APRI TUTTO!

APRI TUTTO !

APRI TUTTO!

APRI TUTTO!

APRI TUTTO !

APRI TUTTO!

APRI TUTTO!

APRI TUTTO !

APRI TUTTO!

APRI TUTTO!

APRI TUTTO !

APRI TUTTO!

APRI TUTTO!

APRI TUTTO !

APRI TUTTO!

APRI TUTTO!

APRI TUTTO !

APRI TUTTO!

APRI TUTTO!

APRI TUTTO !

APRI TUTTO!

APRI TUTTO!

APRI TUTTO !

APRI TUTTO!

APRI TUTTO!

APRI TUTTO !

APRI TUTTO!

APRI TUTTO!

APRI TUTTO !

APRI TUTTO!

APRI TUTTO!

APRI TUTTO !

APRI TUTTO!

APRI TUTTO!

APRI TUTTO !

APRI TUTTO!

APRI TUTTO!

APRI TUTTO !

APRI TUTTO!

APRI TUTTO!

APRI TUTTO !

APRI TUTTO!

APRI TUTTO!

APRI TUTTO !

APRI TUTTO!

APRI TUTTO!

APRI TUTTO !

APRI TUTTO!

APRI TUTTO!

APRI TUTTO !

APRI TUTTO!

APRI TUTTO!

APRI TUTTO !

APRI TUTTO!

APRI TUTTO!

APRI TUTTO !

APRI TUTTO!

APRI TUTTO!

APRI TUTTO !

APRI TUTTO!

APRI TUTTO!

APRI TUTTO !

APRI TUTTO!

APRI TUTTO!

APRI TUTTO !

APRI TUTTO!

APRI TUTTO!

APRI TUTTO !

APRI TUTTO!

APRI TUTTO!

APRI TUTTO !

APRI TUTTO!

APRI TUTTO!

APRI TUTTO !

APRI TUTTO!

APRI TUTTO!

APRI TUTTO !

APRI TUTTO!

APRI TUTTO!

APRI TUTTO !

APRI TUTTO!

APRI TUTTO!

APRI TUTTO !

APRI TUTTO!

APRI TUTTO!

APRI TUTTO !

APRI TUTTO!

APRI TUTTO!

APRI TUTTO !

APRI TUTTO!

APRI TUTTO!

APRI TUTTO !

APRI TUTTO!

APRI TUTTO!

APRI TUTTO !

APRI TUTTO!

APRI TUTTO!

APRI TUTTO !

APRI TUTTO!

APRI TUTTO!

APRI TUTTO !

APRI TUTTO!

APRI TUTTO!

APRI TUTTO !

APRI TUTTO!

APRI TUTTO!

APRI TUTTO !

APRI TUTTO!

APRI TUTTO!

APRI TUTTO !

APRI TUTTO!

APRI TUTTO!

APRI TUTTO !

APRI TUTTO!

APRI TUTTO!

APRI TUTTO !

APRI TUTTO!

APRI TUTTO!

APRI TUTTO !

APRI TUTTO!

APRI TUTTO!

APRI TUTTO !

APRI TUTTO!

APRI TUTTO!

APRI TUTTO !

APRI TUTTO!

APRI TUTTO!

APRI TUTTO !

APRI TUTTO!

APRI TUTTO!

APRI TUTTO !

APRI TUTTO!

APRI TUTTO!

APRI TUTTO !

APRI TUTTO!

APRI TUTTO!

APRI TUTTO !

APRI TUTTO!

APRI TUTTO!

APRI TUTTO !

APRI TUTTO!

APRI TUTTO!

APRI TUTTO !

APRI TUTTO!

APRI TUTTO!

APRI TUTTO !

APRI TUTTO!

APRI TUTTO!

APRI TUTTO !

APRI TUTTO!

APRI TUTTO!

APRI TUTTO !

APRI TUTTO!

APRI TUTTO!

APRI TUTTO !

APRI TUTTO!

APRI TUTTO!

APRI TUTTO !

APRI TUTTO!

APRI TUTTO!

APRI TUTTO !

APRI TUTTO!

APRI TUTTO!

APRI TUTTO !

APRI TUTTO!

APRI TUTTO!

APRI TUTTO !

APRI TUTTO!

APRI TUTTO!

APRI TUTTO !

APRI TUTTO!

APRI TUTTO!

APRI TUTTO !

APRI TUTTO!

APRI TUTTO!

APRI TUTTO !

APRI TUTTO!

APRI TUTTO!

APRI TUTTO !

APRI TUTTO!

APRI TUTTO!

APRI TUTTO !

APRI TUTTO!

APRI TUTTO!

APRI TUTTO !

APRI TUTTO!

APRI TUTTO!

APRI TUTTO !

APRI TUTTO!

APRI TUTTO!

APRI TUTTO !

APRI TUTTO!

APRI TUTTO!

APRI TUTTO !

APRI TUTTO!

APRI TUTTO!

APRI TUTTO !

APRI TUTTO!

APRI TUTTO!

APRI TUTTO !

APRI TUTTO!

APRI TUTTO!

APRI TUTTO !

APRI TUTTO!

APRI TUTTO!

APRI TUTTO !

APRI TUTTO!

APRI TUTTO!

APRI TUTTO !

APRI TUTTO!

APRI TUTTO!

APRI TUTTO !

APRI TUTTO!

APRI TUTTO!

APRI TUTTO !

APRI TUTTO!

APRI TUTTO!

APRI TUTTO !

APRI TUTTO!

APRI TUTTO!

APRI TUTTO !

APRI TUTTO!

APRI TUTTO!

APRI TUTTO !

APRI TUTTO!

APRI TUTTO!

APRI TUTTO !

APRI TUTTO!

APRI TUTTO!

APRI TUTTO !

APRI TUTTO!

APRI TUTTO!

APRI TUTTO !

APRI TUTTO!

APRI TUTTO!

APRI TUTTO !

APRI TUTTO!

APRI TUTTO!

APRI TUTTO !

APRI TUTTO!

APRI TUTTO!

APRI TUTTO !

APRI TUTTO!

APRI TUTTO!

APRI TUTTO !

APRI TUTTO!

APRI TUTTO!

APRI TUTTO !

APRI TUTTO!

APRI TUTTO!

APRI TUTTO !

APRI TUTTO!

APRI TUTTO!

APRI TUTTO !

APRI TUTTO!

APRI TUTTO!

APRI TUTTO !

APRI TUTTO!

APRI TUTTO!

APRI TUTTO !

APRI TUTTO!

APRI TUTTO!

APRI TUTTO !

APRI TUTTO!

www.ingramcontent.com/pod-product-compliance
Lightning Source LLC
Chambersburg PA
CBHW070613220526
45467CB00003B/1408